I LOVE MY MOM
Αγαπώ τη Μαμά μου

Shelley Admont
Illustrated by Sonal Goyal, Sumit Sakhuja

www.kidkiddos.com

Copyright©2014 by S. A. Publishing ©2017 by KidKiddos Books Ltd.

support@kidkiddos.com

Second edition, 2019

Translated from English by Ina Samolada

Μετάφραση από τα αγγλικά: Ίνα Σαμολαδά

Library and Archives Canada Cataloguing in Publication Data

I Love My Mom (Greek Bilingual Edition)/ Shelley Admont

ISBN: 978-1-5259-1232-0 paperback

ISBN: 978-1-77268-547-3 hardcover

ISBN: 978-1-77268-313-4 eBook

Please note that the Greek and English versions of the story have been written to be as close as possible. However, in some cases they differ in order to accommodate nuances and fluidity of each language.

KidKiddos Books

For those I love the most-S.A.
Σ' αυτούς που αγαπώ περισσότερο-S.A.

Tomorrow was Mom's birthday. The little bunny Jimmy and his two older brothers were whispering in their room.

Την επόμενη μέρα θα ήταν τα γενέθλια της Μαμάς. Ο Τζίμυ το λαγουδάκι και τα δύο μεγαλύτερα αδέρφια του ψιθυρίζανε στο δωμάτιό τους.

"Let's think," said the oldest brother. "The present for Mom should be very special."

«Ελάτε να σκεφτούμε», είπε ο μεγαλύτερος αδερφός. «Το δώρο της Μαμάς πρέπει να είναι πολύ ξεχωριστό».

"Jimmy, you always have good ideas," added the middle brother. "What do you think?"

«Τζίμυ, εσύ πάντα έχεις ωραίες ιδέες», πρόσθεσε ο μεσαίος αδερφός. «Τι σκέφτεσαι;»

"Ahm..." Jimmy started thinking hard. Suddenly he exclaimed, "I can give her my favorite toy — my train!" He took the train out of the toy box and showed it to his brothers.

«Μμμ...» ο Τζίμυ άρχισε να σκέφτεται σοβαρά. Ξαφνικά αναφώνησε: «Μπορώ να της χαρίσω το αγαπημένο μου παιχνίδι, το τρένο μου!» Έβγαλε το τρένο από το κουτί των παιχνιδιών και το έδειξε στα αδέρφια του.

"I don't think Mom wants your train," said the oldest brother. "We need another idea. Something that she will really like."

«Δεν νομίζω η Μαμά να θέλει το τρένο σου», είπε ο μεγαλύτερος αδερφός. «Πρέπει να σκεφτούμε κάτι άλλο. Κάτι που πραγματικά θα της αρέσει».

"Oh, I have an idea," screamed the middle brother happily. "We can give her a book."

«Α, έχω μια ιδέα», φώναξε χαρούμενα ο μεσαίος αδερφός. «Μπορούμε να της χαρίσουμε ένα βιβλίο».

"A book? It's a perfect gift for Mom," replied the oldest brother.

«Ένα βιβλίο; Είναι τέλειο δώρο για τη Μαμά», απάντησε ο μεγαλύτερος αδερφός.

"Yes, we can give her my favorite book," said the middle brother as he approached the bookshelf.

«Ναι, μπορούμε να της χαρίσουμε το αγαπημένο μου βιβλίο», είπε ο μεσαίος αδερφός πλησιάζοντας στη βιβλιοθήκη.

"But Mom likes mystery books," said Jimmy sadly, "and this book is for kids."

«Όμως στη Μαμά αρέσουν τα βιβλία μυστηρίου», είπε λυπημένα ο Τζίμυ, «ενώ αυτό το βιβλίο είναι για παιδιά».

"I guess you're right," agreed his middle brother. "What should we do?"

«Μάλλον έχεις δίκιο», συμφώνησε ο μεσαίος αδερφός. «Λοιπόν, τι να κάνουμε;»

The three bunny brothers were sitting and thinking quietly, until the oldest brother finally said,

Τα τρία λαγουδάκια καθόντουσαν και σκεφτόντουσαν σιωπηλά, ώσπου τελικά ο μεγαλύτερος αδερφός είπε:

"There is only one thing that I can think of. Something that we can do by ourselves, like a card."

«Μόνο ένα πράγμα μπορώ να σκεφτώ. Κάτι που μπορούμε να φτιάξουμε μόνοι μας, όπως... μια κάρτα!».

"We can draw millions of millions of hearts and kisses," said the middle brother.

«Μπορούμε να ζωγραφίσουμε εκατομμύρια καρδιές», είπε ο μεσαίος αδερφός.

"And tell Mom how much we love her," added the oldest brother.

«Και να πούμε στη Μαμά πόσο την αγαπάμε», πρόσθεσε ο μεγαλύτερος.

They all became very excited and started to work.

Όλοι ενθουσιάστηκαν και στρώθηκαν στη δουλειά.

Three bunnies worked very hard. They cut and glued, folded and painted.

Τα τρία λαγουδάκια δούλεψαν πολύ σκληρά. Έκοψαν και κόλλησαν, δίπλωσαν και έβαψαν.

Jimmy and his middle brother drew hearts. When they finished, they added more hearts and even more kisses.

Ο Τζίμυ και ο μεσαίος του αδερφός ζωγράφισαν καρδιές και φιλιά. Όταν τελείωσαν, πρόσθεσαν περισσότερες καρδιές και ακόμα περισσότερα φιλιά.

Then the oldest brother wrote in large letters:
Τότε ο μεγαλύτερος αδερφός έγραψε με μεγάλα γράμματα:

"Happy birthday, Mommy! We love you soooooooo much. Your kids."

«Χαρούμενα γενέθλια, Μανούλα! Σε αγαπάμε πάααααααρα πολύ. Τα παιδιά σου».

Finally, the card was ready. Jimmy smiled.

Όταν η κάρτα ήταν έτοιμη, ο Τζίμυ χαμογέλασε.

"I'm sure Mom will like it," he said, wiping his dirty hands on his pants.

«Είμαι σίγουρος ότι θα της αρέσει της Μαμάς», είπε, σκουπίζοντας τα λερωμένα χέρια του πάνω στο παντελόνι του.

"Jimmy," screamed the oldest brother. "Don't you see your hands are covered in paint and glue?"

«Τζίμυ, τι κάνεις εκεί;» φώναξε ο μεγαλύτερος αδερφός. «Δε βλέπεις ότι τα χέρια σου είναι γεμάτα μπογιά και κόλλα;»

"Oh, oh..." said Jimmy. "I didn't notice. Sorry!"

«Ωχ...» είπε ο Τζίμυ. «Δεν το πρόσεξα. Συγνώμη!»

"Now Mom has to do laundry on her own birthday," added the oldest brother, looking at Jimmy strictly.

«Τώρα η Μαμά θα πρέπει να βάλει μπουγάδα στα γενέθλιά της», πρόσθεσε ο μεγαλύτερος αδερφός, κοιτάζοντας τον Τζίμυ αυστηρά.

"No way! I won't let this happen!" exclaimed Jimmy. "I'll wash my pants myself." He headed into the bathroom.

«Με τίποτα! Δε θα αφήσω να συμβεί αυτό!» αναφώνησε ο Τζίμυ και κατευθύνθηκε στο μπάνιο. «Θα πλύνω το παντελόνι μου μόνος μου».

Together they washed all the paint and glue from Jimmy's pants and hung them to dry.

Όλοι μαζί ξέπλυναν όλη τη μπογιά και την κόλλα από το παντελόνι του Τζίμυ και το άπλωσαν να στεγνώσει.

On the way back to their room, Jimmy gave a quick glance into living room and saw their Mom there.

Επιστρέφοντας στο δωμάτιό τους, ο Τζίμυ έριξε μια γρήγορη ματιά στο σαλόνι και είδε τη Μαμά τους.

"Look, Mom is sleeping on the couch," whispered Jimmy to his brothers.

«Κοιτάξτε, η Μαμά κοιμάται στον καναπέ», ψιθύρισε στα αδέρφια του.

"I'll bring my blanket," said the older brother who ran back to their room.

«Θα φέρω την κουβέρτα μου», είπε ο μεγαλύτερος αδερφός και έτρεξε στο δωμάτιό τους.

Jimmy was standing and looking at his Mom sleeping. In that moment he realized what the perfect gift for their Mom should be. He smiled.

Ο Τζίμυ στεκόταν και κοίταζε τη Μαμά του που κοιμόταν. Εκείνη τη στιγμή κατάλαβε ποιό θα ήταν το τέλειο δώρο γι' αυτή. Χαμογέλασε.

"I have an idea!" said Jimmy when the oldest brother came back with the blanket.

«Έχω μια ιδέα!» είπε ο Τζίμυ όταν ο μεγαλύτερος αδερφός επέστρεψε με την κουβέρτα.

He whispered something to his brothers and all three bunnies nodded their heads, smiling widely.

Τους ψιθύρισε κάτι και τα τρία λαγουδάκια κούνησαν τα κεφάλια τους χαμογελώντας πλατιά.

Quietly they approached the couch and covered their Mom with the blanket.

Πλησίασαν ήσυχα στον καναπέ και σκέπασαν τη Μαμά τους με την κουβέρτα.

Each of them kissed her gently and whispered, "We love you, Mommy."

Τη φίλησαν απαλά ψιθυρίζοντας: «Σε αγαπάμε, Μανούλα».

Mom opened her eyes. "Oh, I love you too," she said, smiling and hugging her sons.

Η Μαμά άνοιξε τα μάτια της. «Ω, κι εγώ σας αγαπώ», είπε χαμογελώντας και αγκάλιασε τους γιούς της.

The next morning, the three bunny brothers woke up very early to prepare their surprise present for Mom.

Το επόμενο πρωί τα τρία λαγουδάκια ξύπνησαν πολύ νωρίς για να ετοιμάσουν το δώρο-έκπληξη που θα έκαναν στη Μαμά.

They brushed their teeth, made their beds perfectly and checked that all the toys were in place.

Βούρτσισαν τα δόντια τους, έστρωσαν τα κρεβάτια τους στην εντέλεια και έλεγξαν ότι όλα τα παιχνίδια ήταν στη θέση τους.

After that, they headed to the living room to clean the dust and wash the floor.

Μετά, κατευθύνθηκαν στο σαλόνι για να ξεσκονίσουν και να σφουγγαρίσουν.

Next, they came into the kitchen.

Στη συνέχεια πήγαν στην κουζίνα.

"I'll prepare Mom's favorite toasts with strawberry jam," said the oldest brother, "and you, Jimmy, can make her fresh orange juice."

«Θα ετοιμάσω τις αγαπημένες φρυγανιές της Μαμάς με μαρμελάδα φράουλα», είπε ο μεγαλύτερος αδερφός, «κι εσύ, Τζίμυ, μπορείς να της φτιάξεις φρέσκο χυμό πορτοκάλι».

"I'll bring some flowers from the garden," said the middle brother who went out the door.

«Θα φέρω μερικά λουλούδια από τον κήπο», είπε ο μεσαίος αδερφός και βγήκε έξω.

When breakfast was ready, the bunnies washed all the dishes and decorated the kitchen with flowers and balloons.

Όταν το πρωινό ήταν έτοιμο, τα λαγουδάκια έπλυναν όλα τα πιάτα και στόλισαν την κουζίνα με λουλούδια και μπαλόνια.

The happy bunny brothers entered Mom and Dad's room holding the birthday card, the flowers and the fresh breakfast.

Τα αδερφάκια μπήκαν χαρούμενα στο δωμάτιο της Μαμάς και του Μπαμπά κρατώντας την κάρτα γενεθλίων, τα λουλούδια και το λαχταριστό πρωινό.

Mom was sitting on the bed. She smiled as she heard her sons singing "Happy Birthday," while they entered the room.

Η Μαμά καθόταν στο κρεβάτι. Όταν άκουσε τους γιούς της να τραγουδάνε «Να Ζήσεις Μανούλα», μπαίνοντας στο δωμάτιο, χαμογέλασε.

"We love you, Mom," they screamed all together.

«Σε αγαπάμε, Μανούλα», φώναξαν κι οι τρεις μαζί.

"I love you all too," said Mom, kissing all her sons. "It's my best birthday ever!"

«Κι εγώ σας αγαπώ», είπε η Μαμά φιλώντας τους γιούς της. «Είναι τα καλύτερα γενέθλια που είχα ποτέ!».

"You haven't seen everything yet," said Jimmy with a wink to his brothers. "You should check the kitchen and the living room!"

«Δεν έχεις δει τίποτα ακόμα», είπε ο Τζίμυ κλείνοντας το μάτι στα αδέρφια του. «Πρέπει να δεις την κουζίνα και το σαλόνι!»

CPSIA information can be obtained
at www.ICGtesting.com
Printed in the USA
BVHW020745130920
588706BV00004B/207